LUIZ CLÁUDIO AZEVEDO DE MENDONÇA

A MATERNIDADE ECLESIAL DE MARIA

A perspectiva teológica da Encíclica *Redemptoris Mater* de João Paulo II

Coleção Escola de Maria 8

EDITORA
SANTUÁRIO

Dados Internacionais de Catalogação na Publicação (CIP)
de acordo com ISBD

M539m Mendonça, Luiz Cláudio Azevedo de

A maternidade eclesial de Maria: A perspectiva teológica da Encíclica Redemptoris Mater de João Paulo II / Luiz Cláudio Azevedo de Mendonça. – Aparecida, SP: Editora Santuário, 2021.
24 p.; 14cm x 21cm

Inclui índice.
ISBN 978-65-5527-046-4

1. Religião. 2. Cristianismo. 3. Maria. 4. Encíclica Redemptoris Mater de João Paulo II. I. Título

CDD 240
2020-2528 CDU 24

Elaborado por Vagner Rodolfo da Silva - CRB-8/9410

Índice para catálogo sistemático:
1. Religião: Cristianismo 240
2. Religião: Cristianismo 24

1ª impressão

Rua Pe. Claro Monteiro, 342 – 12570-000 – Aparecida-SP
Tel.: 12 3104-2000 – Televendas: 0800 016 00 04
www.editorasantuario.com.br
vendas@editorasantuario.com.br

INTRODUÇÃO

Esta é uma pesquisa de cunho bibliográfico, em um método de raciocínio dedutivo e de natureza básica, fazendo uma análise de fontes, com a síntese de autores e obras auxiliares. Tem por objetivo geral apresentar a perspectiva teológica, histórica e dinâmica da maternidade eclesial de Maria da encíclica Redemptoris Mater de João Paulo II.

O Papa João Paulo II, para o Ano Mariano (7 de junho de 1987 a 15 de agosto de 1988), oferece como fundamento doutrinal a encíclica Redemptoris Mater (Mãe do Redentor). A encíclica desenvolveu-se na esteira da Mariologia do Concílio Vaticano II, especialmente a Lumen Gentium, capítulo VIII. O autor ressalta igualmente o papel confiado por Deus a Maria na história da Salvação, em seu caminho de total entrega ao plano do Redentor, tornando-se Mãe e modelo da Igreja pela obediência da fé. Utiliza o rico e profundo material das fontes bíblico-patrísticas, assumidas no Magistério Eclesiástico.

O presente trabalho visa atender a necessidade de repercutir uma perspectiva mariológica orgânica, de paradigma antropológico histórico-salvífico, em uma dimensão da dinamicidade da fé da Mãe do Redentor, refletindo sobre a pessoa e a missão eclesial de Maria.

Aborda o tema da Maternidade Eclesial de Maria na Redemptoris Mater em sua continuidade com a Constituição

Dogmática Lumen Gentium, do Concílio Vaticano II e com o pensamento de Paulo VI. Trata da temática em relação à maternidade divina de Maria, mostrando um parâmetro antropológico-salvífico a partir, especialmente, do eixo temático da "Nova Eva", preponderante na encíclica. São apresentados os fundamentos bíblico-patrísticos, da Tradição eclesial, que estão na base do pensamento mariológico do Papa João Paulo II, com uma síntese teológica. O modelo da maternidade eclesial de Maria é base para a vida pastoral e o culto, dentro da ótica da Redemptoris Mater, como Mãe do Redentor, peregrina na fé, discípula, no centro da Igreja a caminho.

A MATERNIDADE ECLESIAL DE MARIA NA REDEMPTORIS MATER

O tema da Maternidade eclesial de Maria situa-se na perspectiva teológica da encíclica Redemptoris Mater, do Papa João Paulo II, que apresenta Maria como a fiel discípula, peregrina na fé, que, sendo escolhida como Mãe de Deus, na bênção "Cheia de Graça", é feliz porque acreditou, tornando-se Mãe da Igreja, na itinerância da obediência e resposta ao Mistério salvífico. Torna-se a Mãe da humanidade, na ordem sobrenatural da graça, a Nova Eva, assumindo na história a maternidade modelar e intercessora, conforme o pensamento da Constituição Dogmática Lumen Gentium, do Concílio Vaticano II e do antecessor Papa Paulo VI.

A continuidade da perspectiva da Lumen Gentium e do Concílio Vaticano II

A encíclica Redemptoris Mater baseia-se e dá continuidade à abordagem Mariológica desenvolvida no capítulo VIII da Constituição Dogmática Lumen Gentium, do Concílio Vaticano II, que recupera as fontes da Sagrada Escritura e Sagrada Tradição, situando o tratado sobre Maria no campo da Eclesiologia: Maria, Mãe e Modelo da Igreja. Assim afirma João Paulo II:

> Confortada pela presença de Cristo (cf. Mt 28,20), a Igreja caminha no tempo, no sentido da consumação dos séculos, e procede para o encontro com o Senhor que vem. Mas nesta caminhada – desejo realçá-lo desde já – a Igreja procede seguindo as pegadas do itinerário percorrido pela Virgem Maria, a qual "avançou na peregrinação da fé, mantendo fielmente a união com o seu Filho até a Cruz". Refiro estas palavras tão densas, evocando assim a Constituição Lumen Gentium, o documento que, no último capítulo, apresenta uma síntese rigorosa da fé e da doutrina da Igreja sobre o tema da Mãe de Cristo, venerada como Mãe amantíssima e como seu modelo na fé, na esperança e na caridade.[1]

Assim a Maternidade do Redentor constituiu o núcleo da Mariologia. Maria é essencialmente a "Mãe de Deus" (Theotókos, Dei Geritrix)[2] e cheia de Graça (Kecharitomène)[3], em sua relação de obediência e peregrinação da fé[4]. Respondendo ao Verbo divino com seu "sim" se torna também sua primeira discípula, como Virgem Fiel, feliz porque acreditou, Mãe e figura da Igreja e da nova humanidade, a nova Eva, a maternidade na ordem da graça e sua mediação intercessora. Daí o título do capítulo VIII da Lumen Gentium: "A Bem-aventurada Virgem Maria, no Mistério de Cristo e da Igreja". E em plena continuidade com este texto conciliar está a perspectiva temática da Encíclica.

A estrutura da Encíclica

A Encíclica Redemptoris Mater tem a seguinte estrutura: uma introdução, onde o autor apresenta este horizonte teológico principal, seguido de um primeiro capítulo em que trata de Maria no Mistério de Cristo, dentro de três expressões bíblicas de repercussões patrísticas profundas – "Cheia de Graça", "Feliz daquela que acreditou", "Eis a tua mãe" – sempre acentuando o sentido de Maria que se torna a nova Eva pela obediência da fé, em uma resposta positiva que atualiza a bênção da plenitude da Graça recebida, tornando-se assim Mãe e modelo da Igreja e de toda a humanidade. Esse tema tem um amplo ensinamento nos Padres da Igreja, especialmente Santo Irineu, citado na Constituição Lumen Gentium, retomado nesta encíclica[5]. Há um segundo capítulo intitulado A Mãe de Deus no Centro da Igreja que está a caminho, subdividido em três itens – "A Igreja, Povo de Deus presente em todas as nações da terra", "A Caminhada da Igreja e a Unidade de todos os Cristãos", "O 'Magnificat' da Igreja que está a caminho", em que trata da peregrinação da fé da própria Igreja, tendo como exemplo eminente Maria, a Mãe do Senhor, que é "entre todos os que acreditam, como um 'espelho', em que se refletem de maneira mais profunda e mais límpida 'as maravilhas de Deus'" (At 2,11)[6]. Nesta abordagem, João Paulo II ressalta os Padres da Igreja que foram responsáveis por promover a unidade dos cristãos a partir do modelo da Virgem Mãe de Deus, especialmente os Padres Gregos e a tradição bizantina, São Cirilo de Alexandrina introduzindo as tradições coptas e etiópicas, Santo Efrém para a tradição siríaca e São Gregório de Narek, na Armênia[7]. O terceiro e último capítulo versa sobre a Mediação Materna, dividido em três partes – "Maria, serva do Senhor", "Maria na Vida da Igreja e de cada Cristão" e "O Sentido do Ano Mariano" – ligado intimamente ao tema da Maternidade de Cristo e da Igreja na Ordem da Graça, já apresentado pela Lumen Gentium como uma cooperação maternal e esponsal em toda a missão da Obra Redentora, mediação subordinada à mediação de seu Filho, Jesus Cristo[8].

Os testemunhos patrísticos apontam para essa situação privilegiada de Maria, especialmente São João Damasceno, referindo-se à glorificação e elevação ao Céu[9].

A continuidade com o pensamento de Paulo VI

João Paulo II, dando continuidade ao pensamento mariológico do Papa Paulo VI, relembra, na encíclica mariana, a afirmação solene de seu antecessor, durante o Concílio, que Maria é Mãe da Igreja, "isto é, Mãe de todo o povo cristão, tanto dos fiéis como dos Pastores"[10]. Ressalta também a repetição dessa expressão "mais compromissada", em 1968, na Profissão de Fé do predecessor, o "Credo do Povo de Deus": "Nós acreditamos que a Santíssima Mãe de Deus, nova Eva, Mãe da Igreja, continua no Céu sua função Maternal em relação aos membros de Cristo, cooperando no nascimento e desenvolvimento da vida divina nas almas dos remidos"[11].

O mesmo Papa Paulo VI é citado novamente como base para o aprofundamento do Mistério de Cristo e da Igreja por meio do conhecimento das verdades sobre a Virgem Santíssima. Quando da aprovação da Constituição *Lumen Gentium* pelo Concílio, disse: "o conhecimento da verdadeira doutrina católica sobre a Bem-aventurada Virgem Maria constituirá sempre uma chave para a compreensão exata do Mistério de Cristo e da Igreja"[12].

Com esses pensamentos, afirma o autor da Redemptoris Mater:

> Maria está presente na Igreja como Mãe de Cristo e, ao mesmo tempo, como Mãe que o próprio Cristo, no mistério da Redenção, deu ao homem na pessoa do Apóstolo S. João. Por isso, Maria abraça, com a sua nova maternidade no Espírito, todos e cada um *na* Igreja e abraça também todos e cada um *mediante* a Igreja. Neste sentido, Maria, Mãe da Igreja, é também modelo da Igreja. Esta, efetivamente – como preconiza e solicita o Papa Paulo VI – deve ir "buscar na Virgem Mãe de Deus a forma mais autentica da perfeita imitação de Cristo[13].

Diante dessas afirmações do Papa Paulo VI, e de outros ensinamentos conciliares, o autor da encíclica conclui: "Por conseguinte, a Igreja mantém, em toda a sua vida, uma ligação com a Mãe de Deus que abraça, no mistério salvífico, o passado, o presente e o futuro; e venera-a como Mãe espiritual da humanidade e Advogada na ordem da graça"[14].

A MATERNIDADE ECLESIAL INERENTE À MATERNIDADE DIVINA DE MARIA

PARADIGMA ANTROPOLÓGICO – SALVÍFICO

O primeiro aspecto de todo o texto é evitar o fragmentarismo, dando uma organicidade à pessoa viva e rica de Maria, em sua itinerância da fé.

Nesse horizonte dinâmico, não há separação dentre a maternidade divina e a eclesial, entre a eleição divina e a bênção de ser cheia de graça e a missão na obediência da fé, de sua Virgindade perpétua consagrada, de sua fecundidade maternal espiritual na ordem da graça, como Mãe da Igreja, gerando Cristo em cada cristão. O elemento da eclesialidade é um segundo ponto que se ressalta na encíclica, a partir de seu subtítulo. Bem-aventurada que está a caminho. Sua presença é ativa, missionária, discipular.

A própria Encarnação não se reduz ao fato inicial de Jesus ter nascido da Virgem Maria, mas é um mistério permanente, contínuo na obra da Redenção, no qual a Mãe do Redentor está inserida em peregrinação de fé.

Linha temática da encíclica a partir da ideia central: a nova Eva

A encíclica tem abertura hermenêutica referente à visão solene de São Paulo na carta aos Gálatas, citada pelo Concílio Vaticano II, no Proêmio do capítulo VIII da Lumen Gentium. Santo Irineu retoma e desenvolve a teologia paulina de Gl 4,4-5; Rm 5,1-2, 8,15; Ef 2,18; 3,12, evidenciando o lugar de Maria[15].

Esse enfoque encontra significativa impostação, na encíclica Redemptoris Mater, destacando sua missão e sua ação, sua posição no Mistério de Cristo e da Igreja: "Trata-se, de fato, de palavras que celebram conjuntamente o amor do Pai, a missão do Filho, o dom do Espírito Santo, a mulher da qual nasceu o Redentor e nossa filiação divina, nos mistérios da plenitude dos tempos"[16].

A encíclica se desenvolve assim em três tempos sincronizados e entrelaçados em uma base bíblico-patrística, acentuando o tema do "Mistério do Cristo Redentor, por nós encarnado em Maria".

Fundamentos bíblico-patrísticos

O Papa João Paulo II propõe como chave de leitura de sua Encíclica Redemptoris Mater a resposta obediente e fiel da Virgem Maria ao anúncio de sua maternidade divina, na bênção da eleição divina, na saudação "cheia de Graça". Maria, em sua obediência, avança na peregrinação da fé, atualizando na história salvífica toda a proposta de Deus para a humanidade. Assim, ela se torna também a Mãe da Igreja, aquela que precede o povo de Deus na santificação e realização escatológica. Como afirma o próprio autor:

> Maria, pronunciou este "fiat" mediante a fé. Foi mediante a fé que ela "se entregou a Deus" sem reservas e "se consagrou totalmente como escrava do Senhor, a pessoa e a obra do seu Filho". E este Filho – como ensinam os Padres da Igreja – concebeu na mente antes de o conceber no seio: precisamente mediante a fé! Com justeza, portanto Isabel louva Maria: "Feliz daquela que acreditou que teriam cumprimento as coisas que lhe foram ditas da parte do Senhor". Essas coisas já se tinham cumprido: Maria de Nazaré apresenta-se no limiar da casa de Izabel e de Zacarias como Mãe do Filho de Deus. É essa a descoberta letificante de Isabel: "A mãe do meu Senhor vem ter comigo!"[17]

Diversos são os testemunhos patrísticos sobre a maternidade divina, fundados na Sagrada Escritura e na Sagrada Tradição Apostólica. Há expressões que se situam, no início, como ensinamento da fé. Depois, diante das heresias e perseguições, ganham caráter apologético, ou seja, de defesa da fé. Santo Inácio, que combate o docetismo[18], heresia que negava a realidade corporal de Jesus, assim se expressa: "De fato, o nosso Deus Jesus Cristo, segundo a economia de Deus, foi levado no seio de Maria, da descendência de Davi e do Espírito Santo" (cf. Ef 18,2). E depois, exorta aos fiéis que fujam desta falsa doutrina: "Existe apenas um médico, carnal e espiritual, gerado e não gerado, Deus feito carne, Filho de Maria e filho de Deus, Vida verdadeira na morte, Vida primeiro passível e agora impassível, Jesus Cristo nosso Senhor"[19].

Orígenes é a primeira testemunha da designação "Theotókos", Mãe de Deus. Também em um papiro do Egito, datado do século III, foi encontrada a oração dirigida à Theotókos, presente até hoje na piedade cristã: "À Vossa proteção, recorremos, Santa Mãe de Deus!"[20].

Sobre a maternidade espiritual de Maria, escreve o autor: "Orígenes professa ainda outro traço significativo: Maria é modelo do discípulo perfeito. É preciso imitar Maria para que nasça em nós o Cristo. Dessa maneira, Orígenes enfatiza o nascimento do Verbo ou da Palavra de Deus nos corações dos fiéis"[21].

Sobre esse aspecto, o Papa João Paulo II, aproveitando a grande riqueza dos Padres da Igreja, afirma na Encíclica sobre Maria, dando relevo a sua concepção do Verbo primeiro no coração e na mente e depois no ventre: "E este, filho, como ensinam os Padres da Igreja, concebeu-o na mente antes de o conceber no seio: precisamente mediante a fé". E afirma: "A maternidade de Maria para com a Igreja é o reflexo e o prolongamento de sua maternidade para com o Filho de Deus"[22].

Sobre o mistério da maternidade de Maria em relação à Igreja, o Papa, autor da encíclica, relembra a belíssima expressão de Orígenes: "O Evangelho de João é o primeiro dos Evangelhos; ninguém pode captar o sentido desse Evangelho se não tiver pousado a cabeça no peito de Jesus e não tiver recebido, da parte de Jesus, Maria como Mãe"[23].

Santo Agostinho possui significativas linhas sobre a escolha de Deus em relação a Maria, mantendo sua integridade virginal como Mãe, e dando a ela a fecundidade espiritual na missão da Igreja pela fé:

> Foi Cristo quem escolheu sua Mãe, trouxe-lhe a fecundidade sem a privar da integridade. Por causa do pecado, enviou seu filho 'numa carne semelhante à carne do pecado" (Rm 8,3). Veio em vista do pecado. Mas sua concepção foi sem concupiscência. A Virgem concebeu-o pela fé. Veio até a Virgem aquele que já existia antes dela. Ele escolheu aquela a quem criou. Criou aquela que haveria de escolher. E essa Virgem trouxe a fecundidade sem a privar da integridade[24].

Há um destaque também na obra de São João Damasceno para a intercessão de Maria, a Mãe espiritual na ordem da graça, na realidade da glória celeste, como uma Mãe da Igreja, na mediação maternal daquela que inaugurou uma nova humanidade e é sua realização escatológica: "Por sua mediação, subordinada à mediação do redentor, Maria contribuiu de maneira especial para a união da Igreja peregrina na terra com a realidade escatológica e celeste da comunhão dos santos, tendo já sido elevada ao céu"[25]; Maria serva do Senhor tem parte nesse Reino do Filho"[26].

Baseado no tema da mediação maternal subordinada à mediação única salvífica de Cristo, como participação de cooperação, o Papa acentua a maternidade eclesial de Maria como intercessora:

> A partir daí o Papa desenvolve sua terminologia. A mediação de Maria repousa na participação no mistério de mediação de Cristo, e é comparada com este, um serviço subordinado (RM 39). Estes conceitos provêm do concílio, tal como a frase seguinte: esta tarefa deriva "da superabundância dos méritos de Cristo, funda-se na sua mediação e dela depende inteiramente, haurindo aí toda a sua eficácia" (RM 22; LG 60). A mediação de Maria realiza-se consequentemente sob a forma de intercessão (RM 21)[27].

Maria é figura, protótipo de nossa vida cristã. Ela não é só sinal, como os sinais do Antigo Testamento prefigurando a Nova Aliança, mas, como criatura, realiza de forma perfeita a vida cristã. Afirma Santo Agostinho: "Foi no seio da Virgem Maria que o Filho Unigênito de Deus dignou-se unir-se à natureza humana, para associar-se, ele, cabeça imaculada, à Igreja. Também imaculada"[28].

Desde os primeiros tempos apostólicos, os Padres da Igreja acentuam a santidade da Mãe do Senhor, como uma graça especial para sua missão de receber em seu ventre o Messias, Filho de Deus Redentor. Mesmo não chegando a afirmar claramente a Imaculada Conceição de Maria, em virtude da universalidade do efeito do pecado original (conforme Rm 5), ressaltaram porém sua bênção especial de santificação singular por ser aquela escolhida e preparada para esta cooperação única no plano da salvação. Pode-se observar esta posição diferenciada, a partir deste texto de Santo Ambrósio:

> E entrando onde ela estava, disse: Deus te salve plena de graça, (kecharitomène) o Senhor é contigo, bendita és tu entre as mulheres. Ela ao ouvir as palavras, se perturbou. Por modéstia estava perturbada; por prudência, pois esta nova forma de bênção bem surpreendera, uma vez que não se encontrava e não se lia em nenhuma parte tal saudação. Só a Maria se reservou esta saudação, só ela é chamada plena de graça, pois só ela obteve a graça que nenhuma outra havia recebido, de ser chamada pelo autor da graça[29].

A Cheia de Graça (kecharitomène): o Papa não aborda diretamente a diversificada e ampla interpretação dessa expressão na tradução patrística. Apenas remete à nota a sua referência[30].

Considera, na Encíclica, principalmente, a resposta dinâmica a esta eleição, que é a benção divina baseada na eleição universal antes de toda a eternidade à santidade. Como fundamenta, especialmente a partir das cartas paulinas sobre esta vocação universal à santidade (Ef 1,4-7), mas reservando um lugar singular à mulher que foi a Mãe daquele ao qual o Pai confiou a Salvação.

A vocação e escolha trinitária têm na esteira da Redemptoris Mater uma concretização no fiat de Maria que "avança na peregrinação da fé" e como Virgem fiel, feliz porque acreditou, bendita entre as mulheres, se torna também Mãe da Igreja e de uma nova humanidade da obediência da fé, a nova Eva, que, em sua mediação maternal com a Igreja Apostólica, gera Jesus em cada cristão.

Síntese teológica

Os elementos mariológicos bíblico-patrísticos na encíclica Redemptoris Mater, do papa João Paulo II, revelam uma riqueza variada das fontes usadas pelo pontífice autor, durante todo o seu escrito. Há uma ênfase no eixo temático da obediência da fé da Virgem Maria que a conduz a uma peregrinação dentro dos desígnios do plano salvífico.

A estruturação da encíclica é feita de tal modo que a pessoa de Maria, a "Cheia de Graça", escolhida pela gratuidade do Pai, tem uma resposta dinâmica através do seu sim, evoluindo no mistério, como a Serva do Senhor. A expressão "feliz porque acreditou" marca a realidade da progressão daquela que é "bendita entre todas as mulheres", avançando no itinerário da graça e gerando uma nova humanidade.

Os padres da igreja estabelecem o paralelo Eva-Maria, acentuando a vitória de Cristo e de Maria, contra a humanidade da desobediência de Adão e Eva. Este se torna o eixo de movimentação temática para agregar os outros elementos da Mariologia. A maternidade divina é atualizada pela resposta livre de Maria na história e no tempo. A adesão total da nova Eva ao mistério salvífico a introduz em uma maternidade do Cristo total, ou seja, da Cabeça, Cristo, obra da Encarnação em seu ventre virginal e dos membros do novo Adão – A Igreja. A mediação maternal de Maria se dá durante toda a encíclica desde a anunciação do anjo (Lc 1,28), do processo dinâmico de seu "fiat", como aparece nos testemunhos patrísticos. Maria que concebia o Verbo, primeiramente no coração e na mente, e, depois, no ventre, ia sendo, em seu serviço à graça, modelo do discipulado para todos os que se inseriam no mistério de seu Filho. Sua nova maternidade, na ordem sobrenatural da graça, gera o Cristo em cada cristão, levando as nações à unidade, intercedendo na glória celeste por todos os peregrinos discípulos do Redentor. Sua intercessão é subordinada à mediação de seu Filho em sua ação redentora e a coloca em um lugar singular, dentre os membros da Igreja, sendo mãe e cooperadora na obra que nos reconquistou a graça da salvação. É a figura e o modelo da comunidade eclesial que avança na peregrinação da fé. O papa João Paulo II segue a proposta da Constituição Dogmática Lumen Gentium, aprofundando esse tema da peregrinação da Igreja também na fé, a exemplo daquela que é a realização escatológica de todo o povo de Deus.

CONSIDERAÇÕES FINAIS

O pensamento mariológico de João Paulo II na encíclica Redemptoris Mater dá continuidade à Mariologia do Concílio Vaticano II e de seu predecessor Paulo VI, situando a maternidade eclesial de Maria em uma perspectiva orgânica de paradigma antropológico histórico salvífico, em uma dimensão da dinamicidade da fé da Mãe do Redentor.

Apresenta a união essencial da missão eclesial materna de Maria com sua maternidade divina, mostrando que não há separação entre as duas maternidades, mas a íntima e teológica inerência, a partir do eixo temático da "Nova Eva", preponderante na encíclica. Fundamentado nos testemunhos bíblico-patrísticos e da tradição eclesial, em comunhão com o Magistério conciliar, oferece uma base teológica adequada sobre Maria, como Mãe do Redentor, peregrina da fé, discípula, Mãe e modelo da Igreja, intercessora.

Tal visão integral e sintética preserva a dimensão sobrenatural da Graça de sua eleição e capacitação, ao mesmo tempo resguardando o caráter histórico progressivo de sua peregrinação e compreensão na obediência na fé de discípula, já assumindo, em seu sim ao plano de Deus, a maternidade de todos os viventes, chamados à Redenção, como Mãe do Cristo total, Cabeça e membros, progredindo também nesta maternidade eclesial, pela experiência da Páscoa, Pentecostes e glorificação, como Mãe intercessora.

Com certeza, a encíclica é um referencial mariológico balizador de um adequado culto mariano e posturas teológico-pastorais, evitando visões fragmentaristas.

Luiz Cláudio Azevedo de Mendonça

Padre da Diocese de Nova Friburgo, RJ, bacharel em teologia, licenciado em filosofia, pós-graduado em Mariologia pela Faculdade Dehoniana, Taubaté, SP, em parceria com a Academia Marial de Aparecida, SP. Canonista, com especialização em direito processual canônico pela Universidade Católica de Petrópolis, RJ, e docência universitária pela Faculdade Católica de Anápolis, GO. Membro da Academia Marial de Aparecida, da Sociedade Brasileira de Canonistas e da Academia Friburguense de Letras, RJ. É também professor de filosofia e teologia no Seminário e Institutos de formação em sua diocese.

NOTAS

[1] Redemptoris Mater (RM), 2.

[2] Lumen Gentium (LG) 53; RM 4; 6.

[3] LG 55; 56; RM 7-11.

[4] LG 56; RM 2; 5; 13; 16.

[5] "O nó da desobediência de Eva foi desatado pela obediência de Maria: e aquilo que a Virgem Eva atou, com sua incredulidade, a Virgem Maria desatou-o com sua fé". S. IRENEU, Adversus Haereses, III, 22, 4: S. Ch. 211, 433-444; cf. LG 56, nota 6; RM 19.

[6] RM 25.

[7] RM 31.

[8] Cf. LG 61; 62; RM 38-41.

[9] Cf. São João Damasceno. In LG 62; RM 41.

[10] Cf. PAULO VI, *Discurso a 21 de novembro de 1964*: AAS 56 (1964) 1015: RM 47.

[11] PAULO VI, *Credo do Povo de Deus* (30 de junho de 1968), 15: AAS 60 (1968) 438-439; RM 47.

[12] PAULO VI, *Discurso a 21 de novembro de 1964*: AAS 56 (1964) 1015. RM 47.

[13] RM 47.

[14] Ibid.

[15] Adv. Haer 4, 34; 3, 18, 22, 3-4 cf. Lc 52; RM 1.

[16] RM 1.

[17] RM 13.

[18] O corpo de Jesus seria apenas aparente (dokein). Negava, portanto, a verdadeira encarnação do Verbo e, por consequência, a maternidade de Maria.

[19] Cf. FIGUEIREDO, Fernando Antônio. *O Amanhecer da Igreja*. São Paulo: Lafonte, 2012.

[20] Cf. BETTENCOURT, Estevão Tavares. *Curso de Mariologia*. Rio de Janeiro: Lumen Christi, 1997

[21] Idem. Ibidem.

[22] RM 13.

[23] RM 33.

[24] Sermão 69, 1. In AGOSTINHO, Santo. *A Virgem Maria. Cem Textos Marianos com Comentários*. São Paulo: 1996.

[25] S. JOÃO DAMASCENO. Hom. In Domitionem. I, 11; II, 2, 14; III, 2: S. Ch.80, 111-112; 127-131; 157-161; 181-185. In RM 41, nota 107.

[26] Idem, Ibidem.

[27] RATZINGER, Joseph. VON BALTHASAR Hans Urs. *Maria Primeira Igreja*. Coimbra. Gráfica de Coimbra, 2004. p. 52.

[28] PATSCH, José. *A Mãe do Senhor*. São Paulo: Paulinas 1959. p. 272 e 273.

[29] FIGUEIREDO, Fernando Antônio. *Curso de Teologia Patrística*, Vol. III. Petrópolis. Vozes, 1990. p. 118-119.

[30] Cf. RM 13.

REFERÊNCIAS BIBLIOGRÁFICAS

Referências básicas

JOÃO PAULO II. *Redemptoris Mater Carta Encíclica*. São Paulo: Paulinas, 1988.

JOÃO PAULO II. *A Virgem Maria: 58 Catequeses do Papa sobre Nossa Senhora*. Lorena – SP: Ed. Cléofas, 2000.

PAULO VI. *Exortação Apostólica sobre o Culto à Bem Aventurada Virgem Maria*. São Paulo: Paulinas, 1974.

CONCÍLIO VATICANO II. *Constituição dogmática Lumen Gentium sobre a Igreja*. 25ª ed. Petrópolis: Vozes, 1996.

Referências auxiliares

MÜLLER Alois e SATTLER, Dorothea; *Mariologia*. *In* SCHNEIDER, Theodor (org.). *Manual de Dogmatica*, (vol. II); p. 143-170. Petrópolis: Vozes, 1992.

DEL GAUDIO, Daniela. *Maria de Nazaré: Breve Tratado de Mariologia*. São Paulo: Paulus, 2016.

DE FIORES, Stefano. MEO, Salvatore. *Dicionário de Mariologia*. São Paulo: Paulus, 1995.

FIGUEIREDO, Fernando Antônio. *Curso de Teologia Patrística*, Vol III. p. 118-119. Petrópolis. Vozes, 1990.

FIGUEIREDO, Fernando Antônio. *O Amanhecer da Igreja*. São Paulo. Lafonte, 2012.

GARCIA PAREDES, Jose Cristo Rey. *Mariologia: Síntese Bíblica, História e Sistemática*. São Paulo: Ave Maria, 2013.

MURAD, Afonso Tadeu. *Maria, Toda de Deus e Tão Humana: Compêndio de Mariologia*. São Paulo: Paulinas; Santuário, 2012.

PATSCH, José. *A Mãe do Senhor*. São Paulo: Paulinas, 1959.

RATZINGER, Joseph e VON BALTHASAR, Hans Urs. *Maria Primeira Igreja*. Tradução de Maria Armanda de Saint-Maurice. Coimbra: Gráfica de Coimbra Ltda., 1997.

ÍNDICE